5.—

Die besten Rezepte von …
Roland Vogler

Die besten Rezepte von Roland Vogler

© Edition guide-bleu/Brunner Verlag, 2005
Sämtliche Rechte vorbehalten

Brunner AG, Druck und Medien,
CH-6010 Kriens/Luzern

Fotografie und Gestaltung:
Foto Plus Schweiz GmbH,
CH-6005 Luzern

ISBN 3-03727-006-3
ISBN 978-3-03727-006-6

Die besten Rezepte von …

Roland Vogler

Cantina Caverna · Lungern

Edition guide-bleu
Brunner Verlag

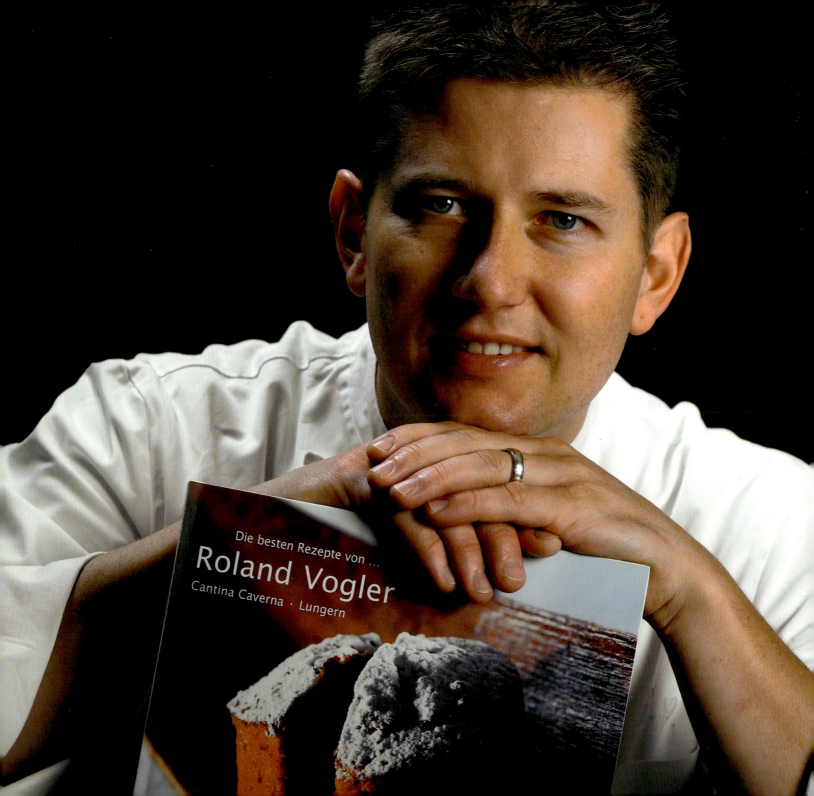

Mit seiner Frau Beatrice und seinen Töchtern Lynn und Jamie wohnt Roland Vogler in Lungern. Er wurde 1971 in Sarnen geboren und ist in Lungern aufgewachsen.

Im Restaurant Bahnhöfli in Lungern absolvierte er mit Erfolg die Kochlehre. Die drei folgenden Winter arbeitete er im Kulm Hotel und Waldhotel National in Arosa. Gut gerüstet wechselte er nach Münchenbuchsee zum Chrüter-Oski. Während dieser Zeit absolvierte er die Berufsprüfung zum Gastronomiekoch. Als junger Küchenchef stellte er sich dann den vielseitigen Anforderungen im Hotel Schweizerhof in Saas Fee.

Nach einem Auslandsaufenthalt ging sein Traum in Erfüllung: Vogler arbeitete bei Roland Pierroz im Hotel Rosalp. Im Jahr 2000 absolvierte er den Wirtekurs. Anschliessend machte er einen Abstecher ins Restaurant Jordan in Sarnen. Dann wechselte er als Sous-Chef ins Seehotel Wilerbad und wirkte als Küchenchef im Gasthaus Schwendelberg in Horw. Seit September 2005 verwöhnt er seine Gäste in der Cantina Caverna.

Inhaltsverzeichnis

Vorspeisen

Avocadofrappé mit Krabbensalat	10
Ziegenfrischkäserollen mit Bündnerfleisch	12
Blattsalat an Limonenölvinaigrette mit «Heublumen-Käserollen»	14
Lauwarmer Schafkäse in Filoteig	16
Tomaten-Mozzarella-Salat mit Grissini	18
Kräuterrisotto mit knusprigen Pilzbonbons	20

Suppen

Raffinierte Tomaten-Gin-Suppe mit Rahm	24
Kressesüppchen mit pochierter Saiblingsroulade	26
Rotes Thaicurrysüppchen mit grillierten Pouletbrustspiesschen	28
Kalte Tomaten-Gurken-Suppe mit gebratenen Riesencrevetten	30

Fischgerichte

Pochierte Lachsforellenfilets im Safran-Gemüse-Fond	34
Grilliertes Lachstournedos auf gekochtem Lauch mit Eierschwämmchen	36
Meerbarsch mit Lavendel auf mediterranem Ratatouille	38
Seezungenröllchen mit Spargeln	40

Hauptgerichte

Zartes Hirschrack am Stück gebraten auf Orangenrisotto	44
Gefüllte Kalbfleischrollen auf Zitronen-Rahmsauce mit Kartoffelmousseline	46
Gebratenes Kaninchenfilet mit Tamarinden-Oliven-Tapenade	48
Lammrückenfilet im Spinat-Filoteig	50
Gefülltes Maispoulardenbrüstchen im Kokoskleid	52
Zartes Pouletbrüstchen im Bergheu gegart	54
Rehmedaillon mit Melonen-Aprikosen-Chutney	56

Desserts

Amarettoparfait mit Aprikosen-Won-ton	60
Apfelcreme	62
Rüeblikuchen	64
Frische Beeren mit Mangojoghurtglace	66
Weisse Moccamousse mit Früchten garniert	68

Vorspeisen

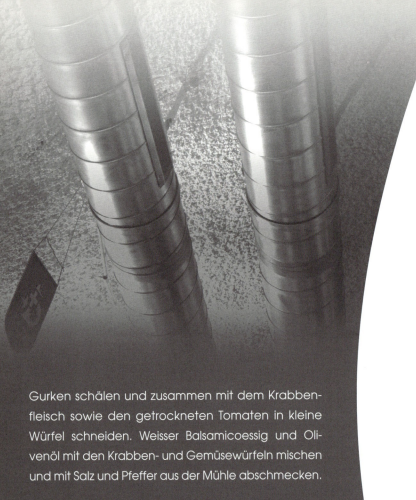

Zutaten für 4 Personen

Salatgurke	80 g
Krabbenfleisch	100 g
Tomaten getrocknet	1 EL
weisser Balsamicoessig	1 EL
Olivenöl	1 EL
reife Avocados	2
Gemüsebouillon	2 dl
Milch	1 dl
Rahm	1 dl
Salz und Pfeffer aus der Mühle	
Tabasco	

Etwas Milch für den Milchschaum

Gurken schälen und zusammen mit dem Krabbenfleisch sowie den getrockneten Tomaten in kleine Würfel schneiden. Weisser Balsamicoessig und Olivenöl mit den Krabben- und Gemüsewürfeln mischen und mit Salz und Pfeffer aus der Mühle abschmecken.

Für das Avocadofrappé:
Avocados schälen, Kern entfernen und in Stücke schneiden. Kalte Gemüsebouillon, Milch und Rahm dazugeben und fein mixen. Je nach Konsistenz Milch oder Bouillon dazugiessen und mit Salz, Pfeffer und Tabasco abschmecken.

Krabbensalat in Gläser verteilen, mit Avocadofrappé auffüllen, etwas Milch aufschäumen und das Avocadofrappé damit bedecken, sofort servieren.

Avocadofrappé
mit Krabbensalat

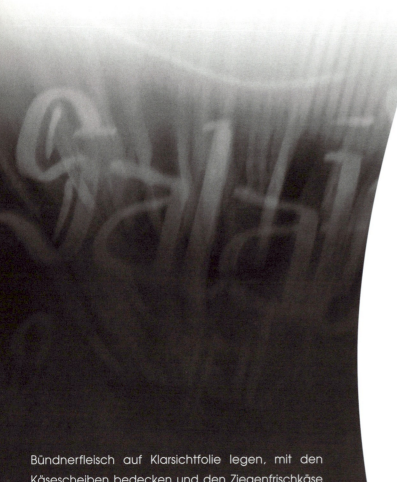

Zutaten für 4 Personen

Bündnerfleisch .... 8 Tranchen
Alpkäse .... 8 Tranchen
Ziegenfrischkäse mit Kräutern .... 150 g

Olivenöl .... 2 dl
Weissweinessig .... 0,7 dl
Salz und Pfeffer aus der Mühle
Zucker.. 1 Prise
Apfel 1

Blattsalat nach Belieben

Bündnerfleisch auf Klarsichtfolie legen, mit den Käsescheiben bedecken und den Ziegenfrischkäse gleichmässig darüber verteilen. Das Bündnerfleisch nun satt einrollen und kühl stellen.
Olivenöl und Weissweinessig gut verrühren, mit Salz, Pfeffer und Zucker abschmecken. Den Apfel in kleine Würfel schneiden und zur Sauce geben.

Salat nach Belieben in Brikteigkörbchen anrichten, Ziegenkäserolle quer aufschneiden und die Apfelvinaigrette ringsherum verteilen.

Ziegenfrischkäserollen
mit Bündnerfleisch

Blattsalat

Blattsalat waschen, rüsten und trockenschleudern. Den Salat gefällig in tiefen Tellern anrichten. Cherrytomaten vierteln, Radieschen in dünne Scheiben schneiden.
Den Heublumenkäse luftig rollen und in den Salat stecken.
Für die Limonenölvinaigrette alle Zutaten vermischen und mit Salz und Pfeffer aus der Mühle abschmecken. Die Vinaigrette über den Salat verteilen und frisches Brot dazu servieren.

Zutaten für 4 Personen

Heublumenkäse (oder Käsescheiben nach Belieben)	8 Tranchen
bunter Blattsalat	250 g
Radieschen	4
Cherrytomaten	4
Zwiebelsprossen nach Belieben	

Für die Limonenölvinaigrette:
weisser, milder Balsamicoessig	½ dl
Limettenöl	1,5 dl
Salz und Pfeffer aus der Mühle	

...n Limonenölvinaigrette
mit «Heublumen-Käserollen»

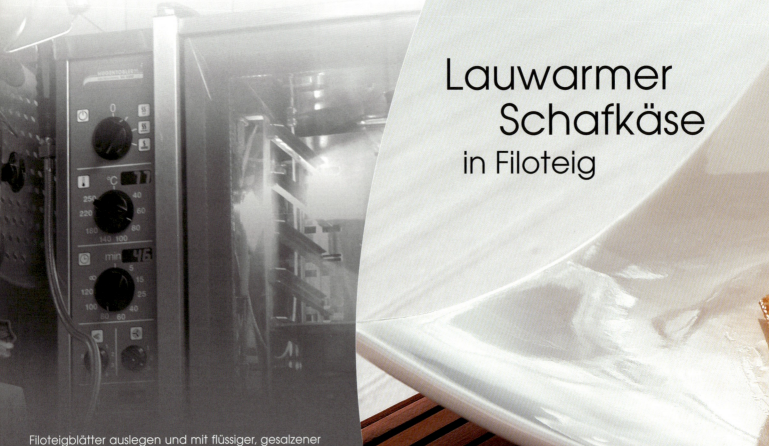

Lauwarmer Schafkäse
in Filoteig

Filoteigblätter auslegen und mit flüssiger, gesalzener Butter bestreichen. Schafkäse in vier gleichmässige Stücke schneiden. Tomaten schälen, vierteln und entkernen. Abwechslungsweise Tomaten und Schafkäse auf den Filoteig legen und mit wenig frischem Rosmarin belegen. Mit Salz und Pfeffer würzen und mit dem Teig einpacken, so dass mehrere Teigschichten um den Käse liegen. Den Teig nochmals mit gesalzener Butter bestreichen und im Ofen bei 180 °C ca. 8 Min. backen. Lauwarm servieren und nach Belieben mit Oliven und Basilikum garnieren.

Zutaten für 4 Personen

Filoteigblätter	4
Butter	50 g
Schafkäse	240 g
Tomaten	2
Rosmarin	1 Zweig
Salz und Pfeffer	
Basilikum und Oliven nach Belieben zum Garnieren	

Tomaten-Mozzarella-Salat
mit Grissini

Tomaten und Mozzarella in Scheiben schneiden, mit Salz und Pfeffer würzen und lagenweise aufeinander setzen. Grissini halbieren und hineinstecken, mit Olivenöl, weissem Balsamicoessig, Meersalz und Pfeffer aus der Mühle marinieren.

Zutaten für 4 Personen

reife Tomaten	4
Mozzarella	150 g
Grissini	2 St.
Olivenöl	2 EL
weisser Balsamicoessig	1 EL
Meersalz und Pfeffer aus der Mühle	

Pilze rüsten, waschen und klein schneiden. Butter erhitzen und die fein geschnittenen Pilze mit der halben Zwiebel und dem Knoblauch dünsten und mit Salz und Pfeffer würzen.
Die Frühlingsrollenblätter in jeweils 4 Stücke schneiden und 25 g Pilzmischung pro Teigblatt einrollen. Die Lauchstreifen kurz in kochendem Wasser blanchieren und die Enden der Pilzbonbons damit zubinden, anschliessend in heisser Bratbutter knusprig braten.

Zwiebeln und Knoblauch im Olivenöl anziehen, Reis dazugeben und glasig dünsten, mit Weisswein ablöschen und mit Gemüsebouillon nach und nach auffüllen. Den Reis ca. 18 Min. köcheln lassen. Kurz vor dem Servieren die Kräuter beigeben, Butter und Reibkäse darunterziehen und mit Salz und Pfeffer abschmecken.

Zutaten für 4 Personen

Steinpilze	70 g
Eierschwämmli	70 g
Champignons	70 g
Butter	50 g
Zwiebel fein geschnitten	½
Knoblauchzehe fein gehackt	1
Salz und Pfeffer aus der Mühle	
Frühlingsrollenblätter	2
dünne Lauchstreifen	16
Bratbutter	50 g
Zwiebel fein geschnitten	½
Knoblauchzehen gehackt	2
Olivenöl	1 EL
Risottoreis	300 g
Weisswein	½ dl
Gemüsebouillon	9 dl
frische Kräuter gehackt	30 g
(Thymian, Rosmarin, Kerbel)	
Butter	50 g
Sbrinz	50 g

Kräuterrisotto
mit knusprigen Pilzbonbons

Suppen

Zwiebeln und Knoblauch hacken und im Olivenöl andünsten. Tomaten waschen, in Stücke schneiden und mit dem Tomatenpüree mitdünsten. Pelati-Tomaten, frischer Basilikum und die kräftige Gemüsebouillon beigeben, mit Salz und Pfeffer würzen und 30 Min. kochen lassen. Anschliessend fein mixen, nach Belieben durch ein Sieb passieren, mit Gin und Rahm verfeinern.

Zutaten für 4 Personen

Zwiebeln	100 g
Knoblauch	1 Zehe
Olivenöl	½ dl
reife Tomaten	8
Tomatenpüree	1 EL
Pelati-Tomaten (400 g)	1 Dose
frischer Basilikum	1 Bund
kräftige Gemüsebouillon	2 dl
Gin	½ dl
Rahm	1½ dl

Salz und Pfeffer aus der Mühle

Raffinierte
Tomaten-Gin-Suppe
mit Rahm

Die Saiblingsfilets zwischen 2 Klarsichtfolien leicht klopfen und würzen. Die Spinatblätter über die Fischfilets geben und satt einrollen, anschliessend die Folie entfernen oder kochfeste Klarsichtfolie verwenden. Den Weisswein mit wenig gehackten Zwiebeln aufkochen und die Saiblingsrolle ca. 4 Min. im Weisswein pochieren.

Zwiebeln und Knoblauch im heissen Olivenöl dünsten, ohne Farbe annehmen zu lassen. Den Kresse beifügen und kurz mitdünsten. Mit Mehl stäuben, mit Bouillon ablöschen und auffüllen. Die Suppe ca. 10 Min. leicht kochen lassen, anschliessend fein mixen und durch ein Sieb passieren. Das Kressesüppchen nochmals aufkochen, mit Rahm verfeinern und mit Salz und Pfeffer abschmecken. Vor dem Servieren das Süppchen mit dem Mixer aufschäumen, in Suppenteller verteilen und die warme Saiblingsroulade in 4 gleich grosse Stücke schneiden und als Suppeneinlage verwenden.

Zutaten für 4 Personen

Saiblingsfilets ohne Gräten und Haut	2
Salz und Pfeffer aus der Mühle	
Spinat	6–8 Blätter
trockenen Weisswein	2 dl
gehackte Zwiebeln	½ EL
Zwiebeln fein gehackt	1 EL
Knoblauch fein gehackt	2 Zehen
Olivenöl	2 EL
Kresse	150 g
Weissmehl	30 g
Gemüsebouillon	8 dl
Rahm	1 dl
Salz und Pfeffer aus der Mühle	

Kressesüppchen mit pochierter Saiblingsroulade

Zutaten für 4 Personen

kleine Pouletbrüstchen	2
Zitronengras	4 Stengel
Salz und Pfeffer aus der Mühle	
Zwiebel fein geschnitten	½
Knoblauch	1 Zehe
Olivenöl	1 EL
rote Thaicurrypaste	2 EL
Tomatenpüree	1 EL
Kokosmilch	2 dl
Rahm	2 dl
Limettensaft	½ EL
Geflügelbouillon	½ L

Pouletbrüstchen in 4 gleichmässige Streifen schneiden und an die Zitronengrasspiesschen stecken, mit Salz und Pfeffer würzen und in einer Grillpfanne beidseitig grillieren.

Zwiebeln und Knoblauch im Olivenöl dünsten, Thaicurrypaste und Tomatenpüree mitdünsten, mit Kokosmilch, Rahm, Limettensaft und Geflügelbouillon auffüllen und ca. 10 Min. köcheln lassen. Das Süppchen fein mixen und durch ein Sieb passieren, mit Salz und Pfeffer abschmecken und zusammen mit den Pouletbrustspiesschen servieren.

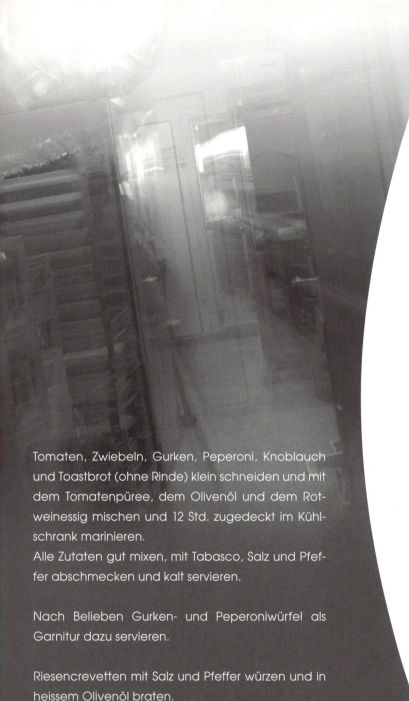

Tomaten, Zwiebeln, Gurken, Peperoni, Knoblauch und Toastbrot (ohne Rinde) klein schneiden und mit dem Tomatenpüree, dem Olivenöl und dem Rotweinessig mischen und 12 Std. zugedeckt im Kühlschrank marinieren.
Alle Zutaten gut mixen, mit Tabasco, Salz und Pfeffer abschmecken und kalt servieren.

Nach Belieben Gurken- und Peperoniwürfel als Garnitur dazu servieren.

Riesencrevetten mit Salz und Pfeffer würzen und in heissem Olivenöl braten.

Zutaten für 4 Personen

reife Tomaten	800 g
Zwiebeln	100 g
Gurken	150 g
rote Peperoni	50 g
Knoblauch	1 Zehe
Toastbrot	30 g
Tomatenpüree	20 g
Olivenöl	50 g
Rotweinessig	2 EL
Tabasco	
Salz und Pfeffer aus der Mühle	

Gurkenwürfel als Garnitur
Peperoniwürfel als Garnitur

Riesencrevetten	8
Olivenöl	2 EL

Fischgerichte

Pochierte Lachsforellenfilets
im Safran-Gemüse-Fond

Zutaten für 4 Personen

Lachsforellenfilets (ohne Haut und Gräten) ... 4
Salz und Pfeffer aus der Mühle
Knollensellerie .... ¼
Rüebli .... ½
Fenchel .... ½
Lauch .... ¼
Zwiebel .... ½
Fischfond .... 8 dl
Safranfäden 12
frische Gartenkräuter nach Belieben

Salzkartoffeln nach Belieben

Forellenfilets mit Salz und Pfeffer würzen und zu einer Krawatte formen.

Sellerie und Rüebli schälen und mit dem Zickzackmesser in mundgerechte Stücke schneiden. Fenchel, Lauch und Zwiebeln rüsten, waschen und ebenfalls in Stücke schneiden. Das Gemüse mit dem Fischfond aufkochen. Die Safranfäden beigeben und leicht sieden lassen, bis das Gemüse gar ist. Die Forellenfilets im Safran-Gemüse-Fond kurz pochieren und zusammen mit dem Fond in einem tiefen Teller anrichten und mit frischen Gartenkräutern dekorieren. Dazu nach Belieben etwas Salzkartoffeln servieren.

Lachstranchen zu Rondellen formen. Die Lauchstreifen kurz in kochendem Wasser blanchieren, die Fischrondellen damit umwickeln und mit Zahnstocher fixieren. Diese Fischtournedos mit Salz und Pfeffer würzen und auf einer Seite kurz grillieren, anschliessend umgedreht in eine gebutterte Form geben und bei ca. 140 °C im Ofen während rund 10 Min. auf den Punkt garen.

Eierschwämmchen putzen, waschen und mit den Zwiebeln in Butter dünsten, den Lauch in Rauten schneiden, waschen und mitdünsten. Mit Salz und Pfeffer würzen, mit Weisswein ablöschen und zugedeckt 10 Min. weich dünsten. Den Saucenrahm beifügen und mit Salz, Pfeffer aus der Mühle und Zitronensaft abschmecken.
Tournedos auf das Lauch-Eierschwämmchen-Ragout anrichten und nach Belieben mit gedämpften Kartoffelkugeln oder Reis servieren.

Zutaten für 4 Personen

Frischlachs ohne Haut und Gräten…	4 Tranchen
lange Lauchstreifen	4
Salz und Pfeffer aus der Mühle	

frische Eierschwämmchen	200 g
Zwiebeln fein geschnitten	1 EL
Butter	1 EL
Lauchstengel	1 kleiner
trockenen Weisswein	½ dl
Saucenrahm	1 dl
Salz und Pfeffer aus der Mühle	
Zitronensaft	wenig

Grilliertes Lachstournedos
auf gekochtem Lauch
mit Eierschwämmchen

Meerbarschfilets mit Lavendelblüten, Olivenöl und Pfeffer ca. 30 Min. marinieren. Fischfilets mit Salz und Zitronensaft würzen und in heissem Olivenöl beidseitig kurz braten, anschliessend im Ofen bei 160 °C ca. 4–5 Min. fertig garen.

Für das Ratatouille:
Olivenöl erhitzen und die gehackten Zwiebeln mit den Zucchetti-, Peperoni- und Auberginenwürfeln glasig dünsten. Tomatenwürfel beifügen und mit Salz und Pfeffer würzen. Den Weisswein dazugiessen und zugedeckt ca. 10 Min. weich dünsten. Wenn nötig etwas Wasser nachgiessen. Das Gemüse mit frisch gehacktem Thymian und Rosmarin abschmecken.

Das Gemüse anrichten und die Meerbarschfilets darübergeben. Nach Belieben Kartoffeln oder Reis dazu servieren.

Zutaten für 4 Personen

Meerbarschfilets à 150 g	4
Lavendelblüten	2
Olivenöl	2 EL
Pfeffer aus der Mühle	
wenig Zitronensaft	
Salz	
Olivenöl	2 EL

Für das Ratatouille:

Olivenöl	2 EL
Zwiebel gehackt	50 g
Zucchettiwürfel	150 g
Peperoniwürfel	150 g
Auberginenwürfel	100 g
Tomatenwürfel	150 g
Weisswein	½ dl
Thymian und Rosmarin gehackt	1 MS

Meerbarsch mit Lavendel auf mediterranem Ratatouille

Seezungenröllchen
mit Spargeln

Zutaten für 4 Personen

weisse Spargeln	1 Bund
Butter	20 g
Seezungenfilets	8
Salz und Pfeffer aus der Mühle	
Blattspinat	100 g
Zwiebel fein gehackt	¼
Knoblauchzehe fein gehackt	1
Butter	20 g
Fischfond	5 dl
Saucenrahm	2 dl
Safranpulver	1 MS
Pernod	1 EL
Butter	30 g
Pfälzer Rüebli	1
Rüebli	1
Zucchetti	1
Butter	20 g

Spargeln schälen und im Salzwasser mit wenig Butter ca. 15 Min. kochen. Seezungenfilets mit Salz und Pfeffer würzen. Den Blattspinat mit Zwiebeln und Knoblauch in Butter dünsten. Mit Salz und Pfeffer abschmecken und auskühlen lassen.

Den Spinat auf die vorbereiteten Seezungenfilets verteilen, einrollen und mit Zahnstocher fixieren. Die Seezungenröllchen in einer Pfanne mit Siebeinsatz ca. 8 Min. dämpfen.

Für die Sauce: Fischfond und Saucenrahm zur Hälfte einkochen lassen. Safran und Pernod beifügen, leicht salzen und nochmals einige Minuten köcheln lassen. Vor dem Servieren die kalte Butter unter die Sauce mixen und mit Salz und Pfeffer abschmecken.

Mit einem Ausstecher Gemüseperlen aus den Karotten und der Zucchetti ausstechen. Diese in Salzwasser kochen, anschliessend in wenig Butter mit Zugabe von etwas Salz schwenken.
Spargeln und Seezungenröllchen in der Mitte des Tellers anrichten, mit Sauce nappieren und die bunten Gemüseperlen ringsherum verteilen.

Hauptgerichte

Hirschracks mit Salz, Pfeffer und zerdrückten Wacholderbeeren würzen. Bratbutter erhitzen und Racks auf allen Seiten kurz braten, anschliessend im Ofen bei 180 °C während ca. 15 Min. rosa garen. Die Hirschracks warm stellen.
Für die Sauce den Wildjus mit dem Rotwein mischen und stark einkochen lassen. Vor dem Servieren die Butterwürfel nach und nach in die heisse Sauce einrühren und wenn nötig mit Salz und Pfeffer abschmecken.

Für den Orangenrisotto:
Zwiebeln und Knoblauch in Butter anziehen, Reis beigeben und glasig dünsten. Mit Weisswein ablöschen und mit Orangensaft und Bouillon nach und nach auffüllen. Risotto ca. 18 Min. köcheln lassen. Butter und Reibkäse beifügen und mit abgeriebener Orangenschale, Salz und Pfeffer abschmecken. Die Orangen mit dem Messer schälen und die Filets auslösen. Kurz vor dem Servieren die Orangenfilets unter den Risotto mischen.

Zutaten für 4 Personen

Hirschracks mit je 4 Rippenknochen	2
Salz und Pfeffer aus der Mühle	
zerdrückte Wacholderbeeren	6
Bratbutter	2 EL
Wildjus	2 dl
Rotwein	½ dl
frische Butter in Würfel geschnitten	50 g

Für den Orangenrisotto:

Zwiebeln fein geschnitten	2 EL
Knoblauch fein geschnitten	1 TL
Butter	40 g
Risottoreis	300 g
Weisswein	½ dl
Orangensaft	1 dl
Gemüsebouillon	7 dl
Butter	1 EL
Sprinz	50 g
Orangenschale	1
Salz und Pfeffer aus der Mühle	
Orangen	2

Zartes Hirschrack am Stück
gebraten auf Orangenrisotto

Kalbsschnitzel flach klopfen und mit Salz und Pfeffer würzen. Schnittlauch, Knoblauch und Bergkäse unter das Kalbsbrät mischen. Die Füllmasse auf die Schnitzel verteilen, die Schnitzelseiten einklappen und gleichmässig einrollen, mit Zahnstocher fixieren. Bratbutter erhitzen, Kalbfleischröllchen allseitig anbraten und mit Weisswein ablöschen. Saft und Schale von der Zitrone beigeben und einköcheln lassen. Mit Saucenrahm auffüllen und unter öfterem Begiessen zugedeckt wärend ca. 10–15 Min. schmoren lassen.
Kalbfleischröllchen herausnehmen, warm stellen und die Sauce nach Belieben abschmecken und verfeinern.

Für die Kartoffelmousseline:
Kartoffeln schälen, in Stücke schneiden und in reichlich Salzwasser gar kochen. Wasser abschütten und die Kartoffeln 2 Minuten ausdämpfen lassen. Rosmarin fein hacken und im Butter anziehen. Milch und Rahm dazugiessen und kurz aufkochen lassen. Die Kartoffeln durchs Passe-vite passieren und unter Zugabe der Rosmarin-Milch zu luftigem Püree rühren, mit Salz und Pfeffer abschmecken.

Kalbfleischrollen aufschneiden und mit der Mousseline und der Zitronen-Rahmsauce anrichten. Nach Belieben roten Kräuterstiel dazu servieren.

Zutaten für 4 Personen

Kalbsschnitzel à 70 g	8
Salz und Pfeffer aus der Mühle	
Schnittlauch fein geschnitten	1 TL
Knoblauchzehen fein geschnitten	4
Bergkäse gerieben	50 g
Kalbsbrät	200 g
Weisswein	1 dl
Zitrone (Saft und Schale)	½
Saucenrahm	2 dl

Für die Kartoffelmousseline:
mehlige Kartoffeln	800 g
Rosmarin	1 Zweig
Butter	30 g
Milch	1½ dl
Rahm	1 dl
Salz und Pfeffer aus der Mühle	

Gefüllte Kalbfleischrollen
auf Zitronen-Rahmsauce
mit Kartoffelmousseline

Kaninchenfilets mit Salz und Pfeffer würzen und in heissem Olivenöl beidseitig 4–5 Minuten braten, anschliessend warm stellen.

Oliven, Kapern und Sardellenfilets gut abtropfen, mit dem Tamarindenmark fein mixen und durch ein Sieb streichen. Die getrockneten Tomaten mit einem Küchenpapier trocken tupfen und in Würfel schneiden. Die Tapenade auf die Kaninchen-Filets streichen und die Tomatenwürfel obenauf drücken.

Für das Couscous: 2 dl gesalzenes Wasser zum Kochen bringen, vom Herd nehmen, Couscous hinzugeben, leicht rühren und 3 Min. quellen lassen. Butter hinzugeben und bei geringer Hitze während rund 20 Min. fertig garen lassen. Regelmässig mit der Gabel umrühren. Mit Salz, Pfeffer und Essig abschmecken.

Für die Peperonisauce: Peperoni waschen, halbieren, entkernen und vierteln. Olivenöl mit Knoblauch und Thymian erhitzen (ca. 80 °C). Peperoni beigeben und während 40 Min. leicht köcheln lassen. Peperoni im Mixbecher mit wenig Öl fein mixen und mit Salz und Pfeffer abschmecken.

Zutaten für 4 Personen

Kaninchenfilets 4
Olivenöl .... 1 EL
Salz und Pfeffer aus der Mühle

Für die Tapenade:
schwarze Oliven .... 80 g
Kapern .... 40 g
Sardellenfilets .... 20 g
Tamarindenmark .... 40 g
getrocknete Tomaten im Olivenöl .... 40 g

Für das Couscous:
Couscous .... 200 g
Butter .... 1 EL
weisser Balsamicoessig .... wenig
Salz und Pfeffer aus der Mühle

Für die Peperonisauce:
rote Peperoni 1
Thymian .... 1 Zweig
Knoblauchzehen 2
Olivenöl .... 2 dl

Lammrückenfilet
im Spinat-Filoteig

Lammrückenfilet mit Salz und Pfeffer würzen, in heissem Olivenöl knapp saignant braten und warm stellen.
Filoteig mit Butter bepinseln und dreilagig übereinander legen, leicht salzen und mit frischen Spinatblättern belegen. Die Lammrückenfilets auf die Spinatblätter legen und ringsherum einrollen. In viel Bratbutter rundum knusprig braten.

Aceto balsamico mit Zucker aufkochen. Knoblauchzehe hacken und beifügen. Den Essig zur Hälfte einkochen lassen, anschliessend den Kalbsjus hinzugeben. Die Sauce nochmals zur gewünschten Konsistenz einkochen lassen und nach Belieben mit Salz und Pfeffer abschmecken.

Das Lammentrecôte im Filoteig aufschneiden und mit buntem Sommergemüse und Balsamicojus gefällig anrichten.

Zutaten für 4 Personen

Lammrückenfilet	600 g
Salz und Pfeffer aus der Mühle	
Olivenöl	2 EL
Filoteigblätter	3
flüssige Bratbutter	100 g
frische Spinatblätter	50 g
Aceto balsamico	2 dl
Zucker	1 TL
Knoblauchzehe	1
Kalbsjus	2 dl

Sommergemüse nach Belieben

Zutaten für 4 Personen

Mangohälften	2
Maispoulardenbrüstchen	4
Salz und Pfeffer aus der Mühle	
Ei	1
Kokosraspel	100 g
Bratbutter	40 g

Für die Currysauce:

Butter	20 g
thailändisches Currypulver	2 EL
Hühnerbrühe	1 dl
Kokosmilch	2 dl
Ingwer frisch, gerieben	1 TL

Asiareis nach Belieben

Die zwei Mangohälften halbieren, Maispoulardenbrüstchen unter dem Knochen längs einschneiden und mit den frischen Mangostückchen füllen. Die Brüstchen mit Salz und Pfeffer würzen, durchs Ei ziehen und mit Kokosraspel panieren. Anschliessend in viel Bratbutter goldig braten und im Ofen bei 160 °C ca. 10 Min. fertig garen.

Für die Currysauce: Butter erhitzen, Currypulver beifügen und etwas anziehen lassen. Mit Hühnerbrühe ablöschen und mit Kokosmilch auffüllen. Ingwer dazugeben und während 10 Min. leicht köcheln lassen. Mit Salz und Pfeffer würzen und durch ein feines Sieb giessen. Vor dem Servieren die Sauce mit einem Stabmixer schaumig mixen.

Die Poulardenbrüstchen aufschneiden und mit der rassigen Currysauce und Asiareis servieren.

Gefülltes Maispoulardenbrüstchen
im Kokoskleid

Pouletbrüstchen mit Salz und Pfeffer würzen, beidseitig in heisser Bratbutter anbraten. Die Brüstchen nun mit Bergheu komplett einpacken und im Ofen bei 160 °C ca. 10 Min. fertig garen.

Geflügelfond aufkochen, Heu beigeben und ca. 2 Min. ziehen lassen. Den parfümierten Fond nun durch ein Tuch passieren.
Butter in der Pfanne erhitzen, Mehl beigeben und etwas anschwitzen ohne Farbe annehmen zu lassen. Den Heufond dazugiessen, gut rühren und während 10 Min. kochen lassen. Die Sauce mit Salz und Pfeffer abschmecken, mit Rahm und Zitronensaft verfeinern und kurz vor dem Servieren mit einem Stabmixer aufschäumen und zum Bergheu-Pouletbrüstchen servieren.

Zutaten für 4 Personen

Pouletbrüstchen mit Haut	4
Salz und Pfeffer aus der Mühle	
Bratbutter	2 EL
Bergheu nicht gedüngt	
Geflügelfond	5 dl
Bergheu nicht gedüngt	1 Hand voll
Butter	25 g
Mehl	30 g
Rahm	1 dl
Salz und Pfeffer aus der Mühle	
wenig Zitronensaft	

Zartes Pouletbrüstchen
im Bergheu gegart

Zutaten für 4 Personen

Rehmedaillon à 120 g	4
Salz und Pfeffer aus der Mühle	
Bratspeck	4 Tranchen
Bratbutter	1 EL
Cavaillon-Melone	¼
Zwiebeln fein geschnitten	1 EL
Aprikosen	2
Honig	1 EL
wenig Cayenne-Pfeffer	
Sherry-Essig	1 TL
breite Nudeln	300 g
Baumnüsse	2 EL
Butter	40 g

Rehmedaillons mit Salz und Pfeffer würzen, mit Specktranche umwickeln und in heisser Bratbutter ca. 5 Min. braten, anschliessend im Ofen bei ca. 80 °C warm stellen.

Die Hälfte der Melone mit den Zwiebeln dünsten, wenig Wasser dazugeben und zu einem Mus kochen. Die übrige Melone zusammen mit den Aprikosen in kleine Würfel schneiden und dazugeben, mit Honig, wenig Salz, Cayenne-Pfeffer und Sherry-Essig abschmecken.

Nudeln in Salzwasser al dente kochen. Baumnüsse in einer Bratpfanne ohne Fettstoff rösten, anschliessend Butter beifügen und mit den gekochten Nudeln mischen.

Rehmedaillon mit Melonen-Aprikosen-Chutney

Desserts

Amarettoparfait
mit Aprikosen-Won-ton

Eier, Eigelb und Zucker in eine Chromstahlschüssel geben und im heissen, nicht kochenden Wasserbad zuerst warm, anschliessend im kalten Wasserbad kalt schlagen. Amaretto, die geriebenen Amaretti und den steif geschlagenen Rahm sorgfältig unter die Eimasse mischen und nach Belieben in Förmchen füllen. Parfait für mindestens 4–5 Std. im Tiefkühlfach gefrieren lassen.

Für die Won-tons: Aprikose in 4 Stücke schneiden. Marzipan auswallen und die Aprikosenstücke damit einpacken. Die Won-ton-Blätter mit Ei bestreichen, die Aprikosen-Marzipan-Stücke in die Mitte setzen und mit den Won-ton-Blättern wie Tortellini einpacken. Das Gebäck im 180 °C heissen Frittieröl ca. 3 Min. schwimmend backen und auf Küchenpapier abtropfen lassen. Die Won-tons mit Puderzucker bestäuben und warm zum Parfait servieren.

Zutaten für 4 Personen

Für das Parfait:
Eier	2
Eigelb	2
Zucker	90 g
Amaretto	2 cl
Amaretti gerieben	20 g
Vollrahm geschlagen	2½ dl

Für die Won-tons:
reife Aprikose	1
Marzipan	25 g
Won-ton-Blätter	4
wenig Ei	

Apfelcreme

Zutaten für 4 Personen

Apfelsaft	7 dl
Eier	2
Zucker	150 g
Vanillecremepulver	20 g
Zitronensaft	½ TL
Rahm geschlagen	1 dl
Joghurt nature	100 g
grosse, rote Äpfel zum Füllen	4

Apfelsaft aufkochen. Eier, Zucker, Cremepulver und Zitronensaft verrühren. Den heissen Apfelsaft dazugiessen und alles miteinander kurz aufkochen lassen. Die Creme durch ein feines Sieb passieren, mit Klarsichtfolie abdecken und vollständig auskühlen lassen. Den steif geschlagenen Rahm und das Nature Joghurt vorsichtig unter die Creme mischen. Nach Belieben 4 Äpfel aushöhlen und mit der Creme füllen oder in Dessert-Gläsern servieren.

Rüeblikuchen

Zutaten für 4 Personen

Eiweiss	2
Zucker	40 g
Eigelb	2
Zucker	40 g
Vanillestengel	¼
Rüebli fein geraffelt	130 g
Mehl	25 g
wenig Zitronenschale	
flüssige Butter	20 g
Haselnüsse gemahlen	120 g

Eiweiss und Zucker steif schlagen. Eigelb und Zucker schaumig rühren. Den Vanillestengel halbieren und mit dem Messerrücken das Mark abstreifen und zusammen mit den übrigen Zutaten zur Eigelb-Zucker-Masse geben und mischen. Das steif geschlagene Eiweiss vorsichtig darunterziehen. 4 Förmchen von 7 cm Durchmesser mit flüssiger Butter auspinseln und mit Mehl stäuben. Die vorbereitete Masse in die 4 Förmchen verteilen und 5 Min. bei 200 °C, anschliessend 15 Min. bei 180 °C backen. Die kalten Rüebli-Küchlein mit Puderzucker bestreuen.

Frische Beeren mit Mangojoghurtglace

Zutaten für 4 Personen

frische Mango	100 g
Wasser	50 g
Zucker	80 g
Joghurt	250 g
Rahm	1¼ dl
dunkle Schokolade	100 g
Beeren nach Belieben	200 g

Mango mit Wasser und Zucker aufkochen lassen, anschliessend fein mixen und auskühlen lassen. Das Mangopüree mit Joghurt und Rahm mischen und in der Glacemaschine gefrieren lassen.

Schokolade im warmen Wasserbad schmelzen und auf 32 °C erwärmen. Timbalförmchen mit Pergamentpapier umwickeln. Die flüssige Schokolade mit Hilfe eines Cornets um das Förmchen giessen und fest werden lassen (Schokolade in 3–4 Etappen auftragen, bis man rundum ist). Vorsichtig vom Pergamentpapier lösen und die frischen Waldbeeren darin anrichten. Mit Minze ausgarnieren und mit einer Kugel Mangojoghurtglace servieren.

1,25 dl Rahm mit den Moccabohnen aufkochen, während rund 10 Minuten ziehen lassen und durch ein Sieb giessen.

Das Eigelb mit dem Ei sowie dem Vanillezucker zuerst im heissen Wasserbad warm, dann kalt schlagen und mit dem Moccarahm vorsichtig mischen. Gelatine im kalten Wasser einweichen.

Die weisse Couverture im Wasserbad erwärmen und unter die Eimasse ziehen. Gelatine auspressen, in wenig Cognac erwärmen und ebenfalls mit der Eimasse mischen. Anschliessend den steifgeschlagenen Rahm darunterziehen und in Schokoladen-tartelettes oder Dessertgläser füllen.

Die Mousse mindestens 2 Std. kühl stellen. Vor dem Servieren mit geschlagenem Rahm und Schokoladen-Moccabohnen verzieren.

Zutaten für 4 Personen

Rahm	1,25 dl
Moccabohnen	50 g
Eigelb	1
Ei	1
Vanillezucker	20 g
Gelatine	2 Blatt
weisse Couverture	180 g
Cognac	½ EL
Rahm geschlagen	3 dl

Nach Belieben Rahm und Früchte zum Garnieren

Weisse Moccamousse
mit Früchten garniert

Restaurant
Cantina Caverna

Cantina Caverna, Walchistrasse 30, 6078 Lungern, Telefon 041 679 77 22, Fax 041 679 77 25, info@cantina-caverna.ch, www.cantina-caverna.ch

das Restaurant

Erleben Sie in einzigartiger Umgebung eine ganz spezielle Atmosphäre. Bei einem kühlen Bier oder Drink an der Bar, beim gemütlichen Beisammensein in der Gaststube oder beim Essen mit Freunden im leicht abgegrenzten Restaurant – hier lassen Sie den Alltag draussen, Stress und Hektik hinter sich. Unser Speiseangebot ist saisonal ausgerichtet und bietet mittags ein gutbürgerliches Menü. Abends speisen Sie nach den Empfehlungen des Küchenchefs, der Ihnen mit seiner Crew gerne ein köstliches 4-Gang-Menü zubereitet. Eine «Kleine Karte» ergänzt unser Angebot.

Cantina Caverna

das Cheminée-Säli

Gerne verwöhnen wir Sie in unserem ganz speziellen Cheminée-Säli mit Köstlichkeiten aus unserer Küche. Oder möchten Sie Ihr Risotto am offenen Feuer selber zubereiten? Auch für «Bratchäs à discrétion» oder einen gemütlichen Weinabend mit Freunden (unser Weinangebot beinhaltet eine Vielfalt an ausgewählten Spitzenweinen) ist unser Carnotzet bestens geeignet.
Reservieren Sie unser Cheminée-Säli und geniessen Sie das spezielle Ambiente am knisternden Feuer. Ein Erlebnis, das Ihnen in bester Erinnerung bleiben wird.

Carnotzet

Ihr Fest

Feiern Sie Ihr Fest bei uns. Wir bieten Platz für bis zu 24 Personen im «Carnotzet», bis 100 Personen in der Cantina Caverna oder bis 450 Personen in der Polyhalle von Brünig Indoor. Gerne sorgen wir für Ihr leibliches Wohl und verwöhnen Sie mit Köstlichkeiten aus unserer kreativen Küche. Dazu servieren wir Ihnen einen edlen Tropfen aus unserem Weinkeller, der nicht nur ausgewiesene Weinkenner begeistert.

Bankette

Events

Bei uns ist für Unterhaltung gesorgt. Sie haben die Möglichkeit, sich in verschiedenen Disziplinen wie Armbrust-, Pfeil- und-Bogen-, Blasrohr- oder Feuerwaffen-Wettkämpfen zu messen. Unsere Events sind nicht zu überbieten.
Anschliessend geniessen Sie bei uns im Restaurant ein feines Essen und einen guten Tropfen Wein und lassen den Abend in gemütlicher Atmosphäre ausklingen.
Gerne lassen wir Ihnen den Eventflyer zukommen.

Events

Das Ereignis für Jung, Alt, Gross und Klein

- Kompetenz- und Schulungszentrum
- 3-m- bis 300-m-Schiessanlagen
- Feste und dynamische Ziele
- Waffenmiete und Waffentest
- Kombiangebote Schiess-Sport und Freizeit
- Kinderprogramme
- Bogen-, Blasrohr- und Armbrustschiessen
- Schiesskurse
- Organisation von Wettkämpfen
- sowie viele weitere Angebote

- Bestellen Sie unseren Angebotsflyer

Brünig Indoor

Brünig Indoor

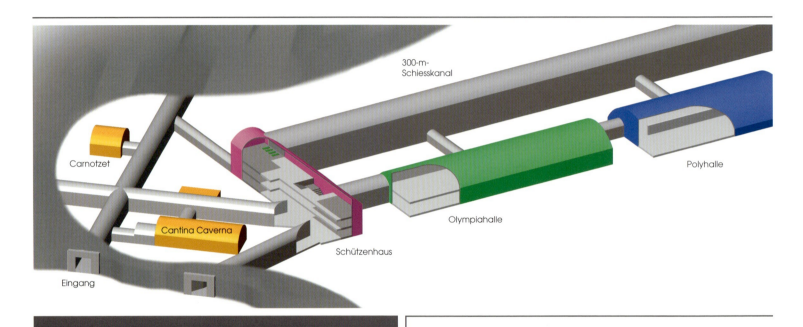

Öffnungszeiten der Anlage

Montag	geschlossen
Dienstag	14.00 bis 21.30 Uhr
Mittwoch	14.00 bis 21.30 Uhr
Donnerstag	14.00 bis 21.30 Uhr
Freitag	14.00 bis 21.30 Uhr
Samstag	09.00 bis 17.30 Uhr
Sonntag	09.00 bis 17.30 Uhr

Für Gruppen auch ausserhalb der Öffnungszeiten geöffnet.

Brünig Indoor
Schiess-Sport-Zentrum
Walchistrasse 30
6078 Lungern

Tel. +41 (0)41 679 70 00
Fax +41 (0)41 679 70 05
info@bruenigindoor.ch
www.bruenigindoor.ch

Rezeptbuch-Serie zum Schenken und Sammeln

Die besten Rezepte von …

Bisher sind erschienen:

Die besten Rezepte von …

- Walter Mentner, Art Deco Hotel Montana, Luzern, ISBN 3-905198-69-X
- Fritz Wyder, Restaurant X-mahl, Emmen, ISBN 3-905198-75-4
- Rolf Fuchs, Restaurant Panorama Hartlisberg, Steffisburg, ISBN 3-905198-74-6
- Andreas Stübi, Seehotel Hermitage, Luzern, ISBN 3-905198-76-2
- Beat Stofer, Hotel Restaurant Balm, Meggen, ISBN 3-905198-77-0
- Sieglinde Hezel, Hotel Schwanen, Rapperswil, ISBN 3-905198-83-5
- Peter Gschwendtner, Hotel Castle, Blitzingen, ISBN 3-905198-84-3
- Saemi Honegger, Wirtshaus Taube, Luzern, ISBN 3-905198-85-1
- Köbi Nett, Netts Schützengarten, St. Gallen, ISBN 3-905198-87-8

  72 Seiten, 4-farbig, 23,5 × 21,5 cm, gebunden, Fr. 24.80

- Roland Vogler, Cantina Caverna, Lungern, ISBN 3-03727-006-3, ISBN 978-3-03727-006-6

  84 Seiten, 4-farbig, 23,5 × 21,5 cm, gebunden, Fr. 34.80

Edition guide-bleu/Brunner Verlag

Brunner Verlag, Arsenalstrasse 24, CH-6010 Kriens
Telefon 041 318 34 21, Fax 041 318 34 70
www.bag.ch/verlag/buecher.html

Alle Bücher sind auch im Buchhandel erhältlich!